So einfach spielst du bambinoLÜK:

Öffne das bambinoLÜK-Lösungsgerät und lege es auf dein aufgeschlagenes bambinoLÜK-Heft.
Lege die sechs Plättchen mit den Symbolen nach oben auf die Aufgaben mit den gleichen Symbolen, also das Plättchen mit dem roten Symbol Haus auf die Aufgabe mit dem roten Symbol Haus oben links in der Ecke. Wenn alle Plättchen auf den Aufgaben liegen, nimmst du das Plättchen mit dem Symbol Haus und siehst dir die Aufgabe an, auf der das Plättchen lag.
Welches Bild auf der unteren Seite passt wohl dazu? Lege das Plättchen auf dieses passende Bild.
Mach es ebenso mit den anderen fünf Plättchen und Aufgaben.
Schließe dann das bambinoLÜK-Lösungsgerät und drehe es nach oben um.
Jetzt siehst du das bei der Übung abgebildete Lösungsmuster.

Die Spielanleitung

Autor: Michael Junga, Illustrationen: Ute Ohlms, Braunschweig
Druck und Verarbeitung: westermann druck GmbH, Braunschweig
ISBN 978-3-8377-7882-3

1 An der Tankstelle

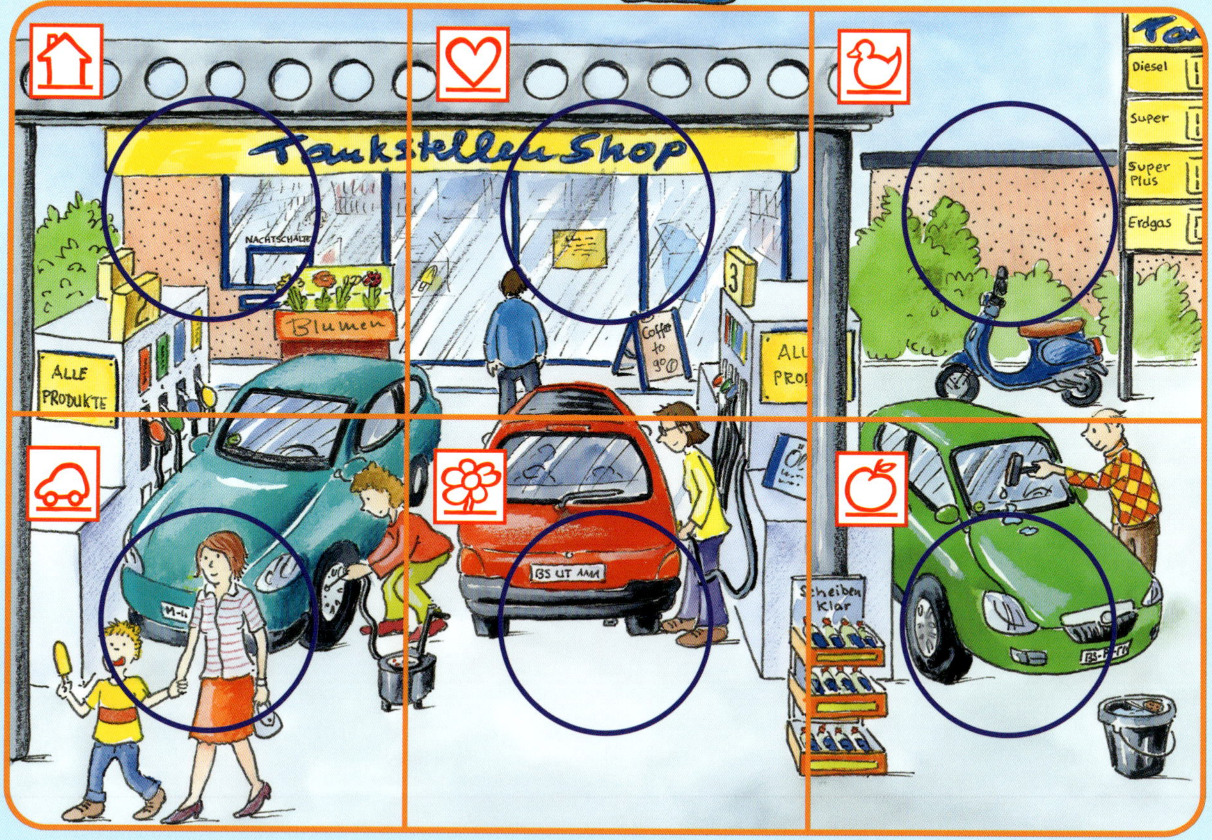

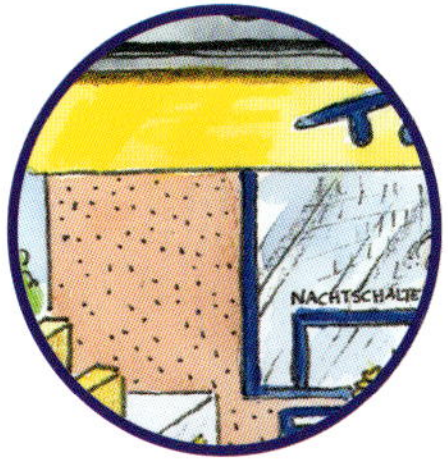

Suche den zugehörigen Ausschnitt!

2 Fahrzeuge auf dem Bauernhof

Ordne richtig zu!

3 Auf der Baustelle

Suche das Schattenbild!

4 Fahrzeug-Puzzles

Ordne richtig zu!

5 Lange Fahrzeuge

Was gehört zusammen?

6 Spielzeugfahrzeuge und echte Fahrzeuge

Was gehört zusammen?

7 Wie sieht das Fahrzeug von vorne aus?

Ordne richtig zu!

8 Welches Fahrzeug gehört dazu?

Finde die Zuordnung!

g

Zu welchem Fahrzeug gehört dieses Rad?

Ordne richtig zu!

10 Welches Fahrzeug fährt in die andere Richtung?

Suche es heraus!

11 Zweifarbige Lokomotiven

Achte auf die Farben!

Die Inhalte und Übungsziele

1	**An der Tankstelle**	Ausschnitte in ganzen Bildern erkennen
2	**Fahrzeuge auf dem Bauernhof**	Details ganzen Bildern zuordnen
3	**Auf der Baustelle**	Formen und Schatten zuordnen
4	**Fahrzeug-Puzzles**	Puzzles ganzen Bildern zuordnen
5	**Lange Fahrzeuge**	Teilbilder zusammenfügen
6	**Spielzeugfahrzeuge und echte Fahrzeuge**	Fahrzeuge zuordnen
7	**Wie sieht das Fahrzeug von vorne aus?**	Fahrzeuge in verschiedenen Ansichten erkennen
8	**Welches Fahrzeug gehört dazu?**	Zusammenhänge finden
9	**Zu welchem Fahrzeug gehört dieses Rad?**	Details ganzen Bildern zuordnen
10	**Welches Fahrzeug fährt in die andere Richtung?**	Rechts und links unterscheiden
11	**Zweifarbige Lokomotiven**	Farben und Formen kombinieren

Die Kinder müssen genau beobachten, vergleichen und zuordnen können, wenn sie die Übungen fehlerfrei lösen wollen. Durch diese aufmerksame Mitarbeit wird ihre allgemeine Konzentrationsfähigkeit nachhaltig gestärkt und weiterentwickelt.